뉴욕의 하늘

시산맥 해외기획시선 013

뉴욕의 하늘
시산맥 해외기획시선 013

―――――――――――――――――――――

초판 1쇄 발행 | 2021년 1월 1일

지 은 이 | 윤관호
펴 낸 이 | 문정영
펴 낸 곳 | 시산맥사
편집주간 | 김필영
편집위원 | 오현정 강수 정선
등록번호 | 제300-2013-12호
등록일자 | 2009년 4월 15일
주   소 | 03131 서울특별시 종로구 율곡로 6길 36,
           월드오피스텔 1102호
전   화 | 02-764-8722, 010-8894-8722
전자우편 | poemmtss@hanmail.net
시산맥카페 | http://cafe.daum.net/poemmtss

ISBN 979-11-6243-159-7 03810

값 9,000원

* 이 책은 전부 또는 일부 내용을 재사용하려면 반드시 저작권자와 시산맥사의 동의를 받아야 합니다.
* 이 도서의 국립중앙도서관 출판예정도서목록(CIP)은 서지정보유통지원시스템 홈페이지(http://seoji.nl.go.kr)와 국가자료종합목록 구축시스템(http://kolis-net.nl.go.kr)에서 이용하실 수 있습니다. (CIP제어번호 : CIP2020054759)
* 이 시집은 교보문고와 연계하여 전자책으로도 발간됩니다.

뉴욕의 하늘

윤관호 시집

* 본문 페이지에서 한 연이 첫 번째 행에서 시작될 때에는 〈 표기를 합니다.

■ 시인의 말

서울에서 상사주재원으로 뉴욕에 파견되어

올 때는 꿈이 푸르렀다.

하지만 오래 살면서 꿈의 색깔도 바래졌다.

삶이 힘들다고 느낄 때나 기쁠 때,

하늘을 자주 보고 마음을 가다듬곤 했다.

10년 만에 두 번째 시집을 내는데 두려움이 앞선다.

그 동안 살아오면서 보고 느낀 것들을

어렵지 않은 언어로 표현한 시들이다.

나의 의식과 정서에 공감하는 분들을 위해

용기를 내어 또 한 권의 시집을 낸다.

2020년 11월 뉴욕에서

윤관호

■ 차 례

1부

공간 - 19
순간 - 20
매미소리 - 21
뉴욕의 하늘 - 22
수선화 언덕 - 23
도시 갈매기 - 24
사열하는 개나리들 - 25
허드슨 강변에서 - 26
정월 대보름 - 27
산책 - 28
입춘 - 30
경칩 - 32
꽃가루 알러지 - 34
꽃잎 - 35
나무늘보 - 36
무궁화 - 37
7월4일 뉴욕불꽃놀이 - 38
행복 - 40
석양 - 42
또 시를 쓰련다 - 43

2부

뉴욕에서 창업하기 - 47

수선화 꽃 한 송이 - 48

나팔꽃 - 49

들꽃 - 50

고기리 - 51

오십 보 백 보 - 52

단풍 2 - 53

사쿠라 - 54

검단산, 용마산에 올라 - 56

그대의 생일에 2 - 58

추수감사절 - 59

모뉴먼트 밸리 - 60

어머니 계신 요양원 - 62

침묵 - 63

향기 - 64

삼청공원에서 - 65

하왕십리 - 66

가곡교실 - 67

낙화암 - 68

3부

물고기들의 아침 군무 – 73
3월 21일 내린 눈 – 74
손을 씻으며 – 75
성조기와 태극기 게양 – 76
2020년 5월 1일 뉴욕풍경 – 78
단풍을 보며 – 80
운휴정의 가을 – 81
양의 죽음 – 82
너구리의 외박 – 83
갈매기 – 84
입추 – 85
백조 두 마리 – 86
내 작은 꽃밭과 텃밭 – 88
어느 만남 – 90
수천 아저씨 – 92
주연배우 – 94
연극 – 96
부여 궁남지 – 98
요양원 휴게실에서 – 100
빨간 색 구명사다리 – 102
569 대 1 – 104

4부

코스모스 꽃을 보니 — 107
생각하면 감사할 일뿐이네요 — 108
유전자 때문인가? — 110
길 위의 법칙 — 111
공주 공산성 — 112
어머니 영전에 — 114
어느 대화 — 116
뿌리 채 쓰러진 나무 — 117
할머니 — 118
우리 사랑 제주도 — 120
입동 — 122
하얀 눈 — 124
겨울 밤 그림자 — 125
눈폭풍을 보며 — 126
새해의 기도 — 127
슬퍼하지 않으리라 — 130
휘문고등학교 졸업 50주년에 — 132
공과 함께 — 135

■ 해설 | 김종회(문학평론가) — 137

1부

공간

가위 바위 보!
가위가 보를 이기고
바위는 가위를 이기며
보는 바위를 이긴다

가위는 보를 이긴다고?

가위도 못 이기고
바위도 못 이기며
보도 못 이기는

비울수록 채워지는 그것

순간

순간은
짊어지고 가는 항아리에
떨어지는 물방울

한 방울 한 방울
떨어져 쌓이면
역사가 되나니

살아서 가는 자의
등 위의 순간을

역사의 강물로
손 바쳐 일구어라

매미소리

올해 처음 듣는다
반갑다
삶의 환희
즐거워 부르는 노래
불러라 실컷 불러라

올해 처음 듣는다
서글프다
짧은 일생
슬퍼서 우는 울음
울어라 실컷 울어라

더욱 요란해진 매미소리
화살처럼 내 등에 꽂힌다

뉴욕의 하늘

어제의 하늘은
퇴색하지 않은 백색의
도화지였다

안개 밑을 기어가는
이역의 개미
포위망을 뚫고 가는
시간에도

찢기지 않은 것은

뉴욕의
하늘이었다

수선화 언덕

산책길에
오로라^{Aurora} 연못을 지나
다글라스 로드$^{Douglas\ Road}$ 언덕에 이르니

수선화 새싹들이
한 뼘이나 모습을 드러냈네

지난주에 입춘이었음을
어찌 알고 나왔을까?

발걸음을 멈추고
따뜻한 눈길을 보내니
새싹들도 환하게 웃네

수선화 새싹들을 보니
세상 걱정 사라지네

하늘에는 흰 구름 흐르고
새가 창공을 나르네

도시 갈매기

우리 동네 맥도날드 주위에는
갈매기가 때때로 모여든다

갈매기는 바다에서 살아야지
식당 주위에서 살면 안 되지

쉽게 먹고 살려고 하지 마라
돌아가거라
출렁이는 푸른 바다로

풍랑 속에서도 깊은 물길 속에서도
멋지게
싱싱한 물고기 낚아채거라

용기와 도전정신으로,
고난과 시련을 넘어
기쁨의 노래 부르거라

사열하는 개나리들

뉴욕주 롱아일랜드 고속도로(495)
선상에서 사열식이 거행되고 있다

도로변 단상에는 황금빛 별들이
무수히 도열해 있다

눈보라, 강추위
믿음과 인내로 견뎌내고
환희의 봄날을 맞이한
자랑스러운 모습의 개나리들
세상을 향해 빛을 발하네

차 타고 가는 사람들
그들에게 경례하니
활짝 웃어 답례하네

두려워하지 마라
포기하지 마라
참고 견뎌라, 라고
사열대로부터 격려의 말씀 들려오네

허드슨 강변에서

허드슨^{Hudson} 강변을 걷노라니
꽃잎이 바람에 날린다
꽃잎 지고
봄도 지는데
세월은 강물 따라 잘도 흘러간다

젊은 날의 꿈 사라지고
첫사랑의 추억도 희미해졌건만
고향을 그리는 마음은
붉기만 하구나

정월 대보름

오늘이 정월 대보름
뉴욕에는 비가 내린다

내가 서울에 살 때는
정월 대보름날이면
어머니가 해주신 오곡밥과
아홉 가지 나물을 먹곤 했다

뉴욕에 사는 지금
아내가 만든 오곡밥에
일곱 가지 나물을 먹지만

부러울 게 없다
마음 밭에서 기쁨의 쥐불놀이를 한다
소원을 담아 쥐불을 돌리니
보름달이 휘영청 떴다

산책

나 홀로 집을 나와
동네를 걷는다

한 발자국 한 발자국
흙냄새 맡으며
맑은 공기 속으로 걷는다

가지런히 창문을 달고 있는 집들
나와 같은
사람들이 살고 있겠지

하늘을 보니
머리는 맑고
가슴은 넓다

허공에 떠 있는 지구
내가 딛고 있는 땅

〈
길 가의 연못도 지나고
숲도 지나고
세상 걱정 가린 안개도 지난다

입춘

산에 들에 눈 쌓여
아직 온기를 나눠주지 않는데
오늘이 입춘이라네

미리 알았는지
산속 실개천
얼음 아래 졸졸 물 흐르고
들판을 덮은 눈 위로
새싹이 고개 내미네

동장군의 기세등등하여
봄을 까마득히 잊고 움츠리고 있을 때
희망 잃지 않도록

옛사람들
봄의 척후병 겨울에 침투한 날을
입춘으로 정했나 봐

남은 겨울

눈보라, 강추위 견뎌내어
향기 나는 꽃들 춤추는 봄날에
가슴 뛰는 노래 부르리라

경칩

경칩인 오늘
피어오르는 아지랑이
봄을 맞아
역동적으로 일하는 대지의 땀

아지랑이 사이로
언 땅이 녹고
물이 흐르는 소리를 듣는다
동면에서 깨어나
기지개 펴는 개구리를 보노라

나무들이
기쁨의 울음과 웃음을 담은
꽃망울을 달고 있다

시샘하는 차가운 바람과
눈이 온다 할지라도
봄은 왔다

〈
청량한 공기가
가슴 깊이 들어온다

꽃가루 알러지

벚꽃 지고 나서
튤립꽃, 라일락꽃
활짝 웃을 때
올해도 어김없이 찾아와

내 눈 갑갑하게 하고
내 코 간지럽게 하며
내 목 잠기게 하며
내 정신 혼란케 한다

옛 애인인 듯 찾아와
꽃 즐기던 나를
힘들게 하니

시기, 질투 많은
마녀의 장난인가?
황홀함만 보는 내게 내린
하늘의 징벌인가?

꽃잎

꽃잎이
춤추듯 떨어져 내린다
길 가는 나그네 가슴에
앉는다

세상 살면서
꽃이 되어
향기를 발하듯
웃으라는 뜻일까?

가슴속으로
들어와
따듯한 온기가 되어 흐른다

오다가다
만나는 사람들에게
나도
꽃향기가 되고 싶다

나무늘보

약육강식의 자연계에서
상위 포식동물일수록
눈초리가 매서워

사람 사는 세상에서도
어떤 이는 눈초리가 매서워
세상에는 똑똑하게 보이는
사람들이 득실거린다

그 속에서 이해하고
포용하고 양보하고
따뜻하게 베푼다

늘 자신은 손해 본다
늘 자신은 뒤처진다
자기주장 접을 줄 안다
그는 평화주의자인가?

*나무늘보 : 중앙아메리카 및 남아메리카에 매달려 있을 만한
 나무가 우거진 열대우림지에 서식하며 세상에서 제일 느린 동물.

무궁화

일제시대 천대 받은 무궁화
우리나라 꽃이라고
뒷간 곁에나 심게 했었네

뉴욕에 살면서 집 안팎에서
겨레의 얼이 담긴 꽃 보니

아름답기만 하고
우리나라 꽃으로 삼은
선조들이 자랑스럽네

동포여!
어디서 살든지
무궁화 사랑하며
끝없이 뻗어 나가세

7월 4일 뉴욕 불꽃놀이

7월 4일
미국 독립기념일 밤
뉴욕시 남부 이스트 리버^{East River} 상공

불꽃들이 밤하늘로 오른다
사방팔방으로 불꽃이 터져 내린다
밤하늘을 찬란하게 수놓는 불꽃
온갖 환상적인 모습 속에
찬란한 꿈, 희망, 열정, 힘을 본다

하늘 높이 날아라
우리의 꿈
세상을 아름답게 가꾸는
별이 되라

수많은 고층빌딩,
브르클린 브릿지^{Brooklyn Bridge},
맨해튼 브릿지^{Manhattan Bridge} 번쩍번쩍 빛난다
불꽃이 터진다

희망찬 사람들의 얼굴에
환성이 터진다
웃음꽃이 핀다

관현악 연주와 함께
활기찬 노래가 울려 퍼진다
미국의 국가와 "오 아름다운 미국" 노래도 들린다

감미로운 음악에 맞추어 춤을 춘다
미국의 발전과 영광을 빈다
신이여! 미국을 축복하소서

행복

한때 나는 특별나고
한때 나는 대단한 사람이라고 생각했다

명예를 얻고 부자가 되겠다는
욕망을 채우는 것이
행복이요
목표를 달성하는 것이
성공인 줄 알았다

지금 생각하니
부질없고 부끄러운 일,
집착을 버리는 것,
비우는 것,
자족하는 것이
행복인 줄 알게 됐다

하늘과 땅과
더불어 사는 사람들에게 감사한다
성실히 사는 것이 성공인 줄을

깨닫는다

마음을 열고, 이해하고
배려하며 사랑하고 베풀며
그렇게 살아야겠다

석양

오늘 하루도
세상을 밝게 하고
따스함과 에너지를 주고

지기 전에
마지막 열정으로
사랑의 빛을 발하는
석양을 보니

나도 남은 생애
미력을 다해

주위를 밝게 하고
따뜻하게 하고
넉넉하게 하고
사랑을 베풀고 싶어라

또 시를 쓰련다

내 시집을 출간하여 미시간에 사는
친구에게 보냈더니
거금 $100을 보내왔다

돈도 없으면서
무얼 이렇게 많이 보냈냐고
하니

책을 읽으면서
시집 내는 것이 쉽지 않았을 텐데
아내한테 잔소리 많이
들었겠구니 생각했던다

아, 하하하 하하
알기도 잘 아는 구나
안 그래도 시를 쓰면 돈이 나와
뭐가 나와 하는 핀잔 많이 들었다

알아주는 친구가 있으니
세상을 살며 또 시를 쓰련다

2부

뉴욕에서 창업하기

뉴욕에는 오늘도
청운의 뜻을 품고
창업한 기업들이 새롭게 문을 연다

창업의 기쁨은 잠시
피 튀는 생존경쟁 속에서
살아남아야 한다

뉴욕에서 창업하기는
작은 새가 둥지에 알 낳기다
남의 둥지에
알 낳는 뻐꾸기다

오늘도 뉴욕에는
뻐꾸기에 밀려
창공을 날아 보지도 못하고
떨어져 사라지는 작은 새들이
뻐꾸기보다 몇 십 배 더 많다

뻐꾸기가
뻐꾹 뻐꾹 울어대면
사람들은 뻐꾸기 소리만 칭찬한다

수선화 꽃 한 송이

아침 산책길에
다글라스 로드$^{Douglas\ Road}$ 언덕에 오니
수선화 새싹들 사이에
수선화 한 송이

한 요정의 청혼 물리치어
그 요정이 복수의 신에 부탁하여
저주 받았다는 전설의
고대 그리스 목동 나르키소스^{Narcissus}

연못에 비친 제 모습을
아름다운 요정으로 알고 사랑하여
물속에 들어가 죽은 연못가에 피어나
자기사랑이라는 꽃말 지닌 너

지금 울고 있니?
지금 웃고 있니?

높은 하늘
푸르기만 하다

나팔꽃

나팔을 부네 세상을 향해

팔팔한 기세로 즐기며 사세

꽃다운 날이 오늘이어라

들꽃

세상에 흔한 것
어디서나 피어나는 것

언제나 보고
냄새 맡을 수 있는 것

모른 체했던 나를
부끄럽게 하는 것

천지만물 중에
너도 있었구나

이제야 너에게
박수갈채를 보낸다

고기리

물 맑고 산 좋은 고기리
봄 여름 가을 겨울
철 따라 다른 풍경 한 폭의 그림이라
꽃들이 웃고 새들도 노래하네
구름도 쉬어 가고
신선도 놀다 가리

오십 보 백 보

내가 옳으니 네가 그르니
핏대를 올리며 논쟁하는 곳에는
가고 싶지 않다

상대의 단점이나 들추어내고
자신은 잘났다고 생각하는 사람의 말은
듣고 싶지 않다

이래도 되고
저래도 되는 것에
목숨 걸고 싸우며

자신은 의롭다고 여기며
타인은 의롭지 못하다고
생각하는 사람이 너무 많다

친절하게 사랑을 베푸는 일이
사소한 것 따지는 일보다
중요하지 않은가?

단풍 2

이 계절이 지나면
넌 먼 길을
떠나야 하는데도

슬퍼하기는커녕
명랑하게
노래를 부르는 구나

섭리에 순응하며
열심히
하루하루 사는 구나

가을은
네가 있기에
더욱 아름답다

사쿠라

요즘은 벚꽃시대다
서울의 소식도 뉴욕의 소식도
벚꽃 만발한 소식

벚꽃은 일본 말로 사쿠라라고 하는데
정치인들은 자기 당에 속해 있으면서
다른 당 편드는 사람을
사쿠라라고 비방한다
아름다운 벚꽃, 사쿠라에 대한 모독이 아닐까?

이건 이 사람 말이 맞고
저건 저 사람 말이 맞아도
언제나 자기 편 안 든다고
사쿠라라고 하는데

때로는 화합을 위해
때로는 옳은 뜻을 위해
너도 옳다, 너도 옳다 할 수 있지 않을까?
그렇다고 사쿠라일까?

〈
겹사쿠라는 우리말로 왕벚꽃이며
제주도가 원산지라고 하는데

화합하는 자가 된다면
양쪽에서 욕을 얻어먹더라도
겹사쿠라, 왕벚꽃인들 어떠랴

검단산, 용마산에 올라

경기도 하남시 검단산에 오른다
가을 햇살을 받으며
친구들과 오른다

백제왕이 하늘에 제사를 지냈으며
백제, 신라, 고려, 조선의
흥망성쇠를 지켜 본 신성한 산

가파른 산길은
태평양 건너와
밤잠을 설쳤는데도 즐겁기만 하다

검단산 정상에서
능선을 같이 하고 있는 용마산으로 간다
용마산 정상에서는
팔당댐, 좌측의 북한강, 우측의 남한강이
아스라이 보인다

세월은 강물과

더불어 흘렀나 보다
백제의 유물은 보이지 않는다

선대의 혼령들이 깃들인
광주산맥의 울창한 산들과 푸른 강
가슴이 탁 트인다

뉴욕에 산 지 30년이다
친구들과 검단산도 오르고, 용마산도 올라보니
조국의 산하는 아름답기만 하다

통일조국의 북녘 산도
친구들과 오를 날이
어서 오기를 꿈꾼다

그대의 생일에 2

그대의 생일에
나는 기뻐요

꽃들도 웃고
새들도 노래해요

우리 모두 그대를
사랑하고 축복해요

추수감사절

동네 한 바퀴 산책하며

하늘에 감사합니다
지상에 감사합니다
지구에 감사합니다

이 시대에 더불어 사는
모든 사람에게 감사합니다

특별히 희로애락 나누며 함께 동행하는
한 분, 한 분께
감사합니다

모뉴먼트 밸리 Monument Valley

중, 고교 시절 동기들과
미국 아리조나Arizona 주 모뉴먼트 밸리에 와
나바호Navajo 인디안이 운전하는
뚜껑 없는 차량에 몸을 싣고 비포장도로를
흙먼지 날리며 달리네

흔들거리는 몸을 가누며
펼쳐지는 장관을 보니
그 옛날 학생 시절에 본 서부영화에 나오는
역마차를 탄 기분이네
황야에 우뚝 선 캐년Canyon들을 바라보며
친구들과 탄성 지르며 함박웃음 터트리네

존 포드 포인트John Ford Point에서 내려
주위를 둘러보니
5천만년 동안의 바람과 물의 침식작용으로
만들어진 캐년과 광활한 계곡에
경이로움과 함께 엄숙함이 몰려오네

〈

이곳에서 존 포드 감독, 존 웨인$^{John\ Wayne}$ 주연의
영화 역마차를 만든 명감독과 명배우들
이제는 이 세상에서 찾을 수 없네
모뉴먼트 밸리$^{Monument\ Valley}$에는
오늘도 바람이 불고 붉은 모래가 날리네

어머니 계신 요양원

어머니 계신 요양원
차창 밖으로 보이는 뉴욕 라과디아^{LaGuardia} 공항
2분 동안 비행기 한 대가 뜨고 한 대가 내려앉는다

오늘 요양원에 입원하는 분도 있고
퇴원하는 분도 있겠지
퇴원하는 분은 집으로 가는 분보다
영원한 집으로 가는 분이 더 많다

일주일에 기껏 한 번 찾아와
코빼기만 잠시 비치는 자식 배려하느라
본 지 10분도 되지 않아 "어서 가봐" 하시는 어머니
함께 요양원에 계신 노인은
어머니 찾아뵈니 고맙다며 효자란다

낯 뜨거워짐 느끼며 떠나는 못난 자식
세상 속으로 총총걸음 옮기며 생각한다
어머니 계신 요양원은 준성인^{準聖人}이 되어 가는 요람이요
성인^{聖人}이 되면 하늘나라 행 비행기 타는 공항이 아닌가?

침묵

그 옛날 학창시절
학생들이 떠들 때

남자는 하루에
두, 세 마디 말이면 된다고 하시던
선생님

살다 보니
말 많은 사람보다
말 없는 사람이 좋다고
알게 되었습니다

말보다 행동이
중요하다고
알게 되었습니다

"말로서 말 많으니
말 말을 까 하노라"라는
옛 시조를 떠올릴 때가 많습니다

향기

꽃구경 하러
들로 산으로 가야만 하나

내 가슴에 꽃 피우고
맑은 눈으로 보면

이 사람 저 사람
모두가 향기 나는 꽃이어라

눈을 보고 웃으면
마음과 마음으로
향기가 오고 가네

삼청공원에서

추수감사절을
뉴욕을 출발하여
한국을 향하는 비행기에서 지내고
서울에 도착한 다음날

첫눈 내린 아침
고국의 삼청공원을 찾으니
만감이 교차하네

지나온 세월 견뎌내고
고국을 찾은 나와 아내를 환영하는 듯
하얀 눈이 내렸네

학교 다닐 때
단체로 송충이 잡으러
마지막으로 온 후 다시
흰 눈으로 덮인 삼청공원을 오다니

내가 시공을 뛰어 넘어
청소년이 되었나
가슴이 뛰네, 마구 뛰네

하왕십리

어릴 적에 내가 살던 하왕십리
집 안팎에서 잡을 수 있었던
메뚜기, 방아깨비, 베짱이, 여치, 잠자리……
여름날 들리던
"아이스 께끼 얼음 과자"
겨울 밤 들리던
"메밀묵 사려~ 찹쌀 떡~"
한밤에 들리던 야경꾼의 딱따귀 소리
딱지치기, 구슬치기, 제기차기, 썰매타기,
팽이 돌리기, 술래잡기……
같이 하던 동무들 생각난다
어느 여름날
초등학생이던 내가
울타리 틈새로 숨죽이며 보는 줄도 모르고
뒤꼍에 앉아 목욕하던 아랫집 처녀,
북두칠성이 거느리던 무수한 별들과
은하수를 선명하게 볼 수 있었던 밤하늘
눈에 아롱거린다
삶에 쫓겨 까맣게 잊었던 내 고향
하왕십리

가곡 교실

가곡교실에 오니
남학생은 거의 없고
여학생들로 가득하다

중년 여성들
나이 잊고
열심히 가곡을 부른다

반달을 부를 때는
모두가 소녀의 마음이 되고
첫사랑을 부를 때는
저마다 그 옛날 첫사랑을 들추어낸다

함께 화음을 맞추니
내 가슴도 소년의 언덕을 뛰어다닌다

사랑과 추억과 꿈을
노래에 얹어
젊음의 열기를 사르는 시간이다

낙화암

가을 햇빛 받으며 친구의 안내로
부여의 부소산 낙화암에 이르니
곡선으로 흐르는 백마강이 내려다보인다

신라와 당나라 연합군에
백제의 수도인 사비성이 함락 당하자
삼천 궁녀가 백마강에 꽃다운 몸을 던졌다고 배웠다
경사가 가파르지 않아
그냥 몸을 던져서는 강물에 빠질 수 없고
몇 분 정도 걸어 내려가야
강 언저리에 닿을 수 있었으리라

강 쪽으로 내려가니
삼천궁녀의 넋을 기렸다는 고란사에 이른다
고추잠자리 한가로이 날고
풀벌레 소리도 여유롭다

강물에 몸을 던져 죽은
궁녀가 몇이나 될 까?

고란사에서 삼천 궁녀가 아니라
전사한 백제인들의 넋을 기리지 않았을까?
우리가 배우고 들어서
오랫동안 안다고 한 것들
사실이 아닐 수 있다고 친구와 얘기를 나눈다
나라를 잃은 백제 사람들의
울분이 하늘을 찔렀기에
누군가가 지은 이야기가
전해 내려오는 것이리라

역사를 알고 있을 백마강은
아름다운 자태로 말없이 흐르고 있다
1300여년 전에
목숨 바쳐 나라를 지키려던
백제인들의 충절^{忠節}의 향기가
강바람에 실려 오는 듯하다

3부

물고기들의 아침 군무

리틀넥 만$^{\text{Little Neck Bay}}$에
떼 지어 모인 물고기들

새날을 맞아
아침 햇살을 받으며
제 세상을 유영하듯
군무를 추네

신이 난 물고기들 앞 다투어
하늘로 솟구쳐 오르다
물속으로 곤두박질치네

오늘도 신명나는 한세상
벗들과 하나 되어

3월 21일 내린 눈

그냥 갈 순 없다고
아름다운 모습 기억하라고
춘분인 오늘 네가 또 왔구나

호수에 물안개 피고
물안개 너머로 봄이 오고 있었는데
느닷없이 네가 오니
반갑기도 하고 어리둥절하기도 하다

떠나야 할 때
떠나는 것이 세상살이라는데
무엇이 못 잊어서 돌아왔을까

와야 할 때 와서
반가운 노래 부르자꾸나

손을 씻으며

맑은 물에
손을 씻으며
내 마음도 씻는다

욕심, 안일, 두려움과 강박감 등
세상 모든 부정한 것들을
깨끗이 씻어낸다

손을 씻을 때마다
마음도 말끔히 닦는다

성조기와 태극기 게양

어느 나라에서든지
거주국 국기 게양하는 것이
당연하거늘
아내의 만류로 못하다가
오늘에서야 성조기 사서 달았네

집 앞에서 펄럭이는 깃발을 보니
내 마음도 푸르네

이 소식을 듣고
이종사촌동생이 한국에서 보내 온 태극기
태평양을 건너온 사랑과 응원
긍지를 갖고 당당히 살라 하네
미국에서 대한의 기상을 떨치라 하네

성조기도 태극기도
집 앞에서 나란히 휘날리네
서로 사랑하고 도우며
함께 가자 하네

〈
하늘도 푸르고
내 가슴도 푸르네

2020년 5월 1일 뉴욕 풍경

코로나바이러스19로
총성 없는 전쟁 중인 세계
감염된 수백만 명의 환자
소중한 생명을 잃은 수십만 명의 희생자

가장 많은 확진자와 사망자를 낸 뉴욕
한 명이라도 더 살리려고 사투를 벌이나
사망자들로 정신적으로 힘든 의료진
수십 명이 감염되어 목숨을 잃은 요양원
사랑하는 가족의 장례도
극소수만 참여하여 비정상적으로 치러야 한다

오늘 산책길에
인간 세상의 처절한 상황
아랑곳하지 않고 피어 있는 꽃들을 본다
자태를 뽐내는 튤립꽃,
은은한 향기 내는 라일락꽃……
계절의 여왕 5월을 맞아 더욱 밝아진 햇살
연초록의 나뭇잎들

〈
푸른 하늘로
새들이 날아간다

단풍을 보며

얼마 남지 않은 삶도
아랑곳하지 않네

매일 매일 성실히 살아
이제 절정의 성숙미를 발산하니

비단에 수를 놓아도
단풍의 아름다움에 비길 수 있으랴

나도 단풍처럼
감사하며 기쁘게 살아
밝은 모습 보이고 싶어라

운휴정雲休亭의 가을

고기리에 단풍 들고
기러기 나는 계절이 왔네

절경으로 병풍 두른 운휴정
낮에는 흰 구름 쉬어 가고
밤에는 별빛이 노닐다 가네

친구여, 우리 여기서
웃으며 떨어지는 단풍잎 보세
가을의 아름다움 감상해 보세
우리의 삶을 노래해 보세
흥이 나면 춤도 추어 보세

양의 죽음

 단기 선교 위해 교회 일행과 난생 처음 몽골에 왔다 선교 활동을 마치고 떠나기 전날 양을 잡는다고 하여 사람들이 마당에 모였다 두 마리의 흰 양이 앉아 있고 죽음을 집행할 건장한 체격의 몽골인이 그 옆에 앉아 있다 곧 죽임을 당할 것을 어찌 알았는지 양들이 똥오줌을 쌌다 몽골인이 한 마리를 잡아끄니 본능적으로 소리를 지르며 끌려오지 않으려고 몸을 버티다 힘에 부쳐 끌려왔다 저항 없이 몸을 떠는 양을 몽골인이 왼손으로 잡고 오른손으로 능숙한 솜씨로 칼로 가슴을 째고 손을 넣어 염통을 꺼내니 이내 숨을 거두었다 남아 있는 한 마리의 양도 똑같은 과정을 거쳐 숨을 거뒀다 죄 없이 죽임을 당했다 하여 예수님도 어린 양에 비유된다 죽은 양의 가죽을 통째로 벗겨 시장에 내다 한 마리당 $5에 판다고 한다
 죄 없는 양이 억울한 죽임을 당하는 일이 밝은 대낮에 일어나도 하늘은 여전히 푸르고 높다

너구리의 외박

　유리문 옆 덱^{Deck}에 놓인 플라스틱 빨래 통에 잠자고 있는 까만 털의 동물이 보인다 아내가 냄새난다며 어머니가 쓰시던 담요를 빨래통 안에 넣었는데 그 안에 들어가 잠자고 있는 것이다

　두근거리는 가슴으로 보니 고양이도 아니고 개도 아니고 너구리다 매일 밤 먹을 것을 찾아 돌아다니는 너구리들 중 하나일 것이다 추운 날에 먹을 것 찾아다니는 것도 귀찮은지 똬리를 틀고 잠을 잔다 외등의 조명을 높였다 너구리가 눈을 뜨고 얼굴을 찡그렸다 조명을 줄였다 다시 잠을 잔다 천진난만한 모습이다 귀엽다 아직 어려 보인다 평소에는 너구리가 밤에 먹을 것 찾느라 쓰레기 꾸러미를 헤쳐 놓아 밉기만 했는데 가까이서 잠자는 너구리를 보니 사랑스럽다

　밤하늘 아래 유리문을 사이에 두고 문자 그대로 엎어지면 코 닿을 거리에서 밖에서는 너구리가 방 안에서는 내가 잠을 자게 되다니 기쁜 마음으로 잠자리에 들었다 아침에 일어나 보니 너구리가 보이지 않는다 너구리는 제집으로 돌아가 외박하고 왔다고 부모님께 꾸중 듣겠구나

갈매기

갈대가 정신없이 흔들리는
바람 부는 아침에

갈매기 한 마리
기세 좋게 바다 위를 날며
새롭게 떠오르는
태양을 맞고 있네

오늘의 상황에
굴하지 않고
적극적으로
삶을 살겠다는 의지를

거센 바람도
막지 못하네
거센 파도도
막지 못하네

입추

꼭두새벽에 잠이 깨어
이 생각 저 생각으로
엎치락뒤치락하다

고국 동창회 카톡방을 보니
오늘이 입추라네
정신이 번쩍 든다

별로 이루어놓은 것이 없는데
세월은 흐르는 물처럼 잘도 간다

하기야 이룩하면
무엇을 얼마나 이룩할까

작은 것에 감사하고 즐기며
세월 따라 흘러가리라

백조 두 마리

왕십리 초등학교 친구를 만나
뉴욕시 베이사이드 Oakland Lake 공원으로 가서
만 오천 년 된 호숫가를 걷다가
개나리꽃 옆 벤치에 앉아 옛 이야기를 했다

봄날 교문 안으로 들어서면
개나리꽃 활짝 핀 언덕을 올라 교정에 이르렀다
미국 원조물자인 우유가루를 배급받아 집에 가면
어머니가 과자를 만들어 주셨다
신작로를 달리던 미군 트럭에서
던져주던 껌과 초콜릿을 앞 다퉈 길에서 주웠고
군용 경비행기에서 뿌리는 삐라도
한참을 달려가 줍기도 했지
북두칠성, 은하수……, 무수한 별들이
반짝이던 하늘을 보았는데

우리가 끝없이 옛 이야기로
웃음을 참지 못할 때
개나리꽃은 더 환하게 웃었다

호수에는
수많은 청둥오리들 한가운데서
백조 두 마리가 놀고 있었다

왕십리 어린 시절에서
시공을 넘어 이곳에 사는 우리 곁으로
두 마리의 백조는 유유히 지나갔다

내 작은 꽃밭과 텃밭

내 작은 꽃밭과 텃밭에
처음으로 여러 가지 묘종 심고 씨도 심었네
주위에 작은 나무도 심었네
내 작은 가슴에 꿈도 함께 심었네

매일 구슬땀 흘리며
잡초도 뽑고 물도 주니
꽃도 채소도 나무도 자라네
얼굴은 구릿빛 농부의 얼굴
식물이 자라는데
흙(토양), 햇빛, 물이 중요하다는 것
새삼 경험으로 알겠네

밭일에 열중하느라
땀방울이 눈으로 들어가고
모기에 물릴 때도 있네
주위에 있던 큰 나무들에 기생하는
넝쿨을 치우느라 두 팔에 독이 묻어
가려워 고통스럽기도 하네

시원해진 나무들 생각하니
내 가슴에 산들바람이 부네
내 작은 꽃밭과 텃밭에
나비도 벌도 잠자리도 찾아 드네
청량한 새소리도 들리네
힘든 것 잊고 기쁘고 즐겁네
직접 기른 상추를 먹으니
맛도 좋고 기분도 좋네

토마토, 고추, 당근, 파, 브로커리, 부추, 깻잎도
자라고 있네
씨 뿌려 자라나는
코스모스와 해바라기가
꽃 피고 지기 전에
코로나바이러스19도 사라지고
정다운 사람들이 찾아와 함께 즐겼으면……

인간의 육체도
흙에서 왔다 흙으로 돌아가는 이치니
흙을 가까이 하련다

어느 만남

이게 얼마만인가?
오랜만이고 반갑다
오줌싸개 아닌가?

사마귀라고도 불렀고
버마재비라고 부를 정도로
잽싸게 싸움도 잘했지

네가 내뿜는 액체를
눈에 맞으면 눈이 먼다고
들었는데 헛소문이었겠지

우리 집 앞뜰
장미 잎에 앉아 있는 널
색깔이 비슷하여
못 알아 볼 뻔했다

널 보니 내 마음

동심으로 돌아가네
고향에서 뛰놀던 시절
그리웁구나

수천 아저씨

동대문 시장에서 수박 도매를 하시던 수천 아저씨
내가 어렸을 때 우리 집에 수박 한 덩이
들고 오시곤 했다
어머니의 사촌동생으로 어머니께도 다정하게 대하셨다

몇 년 후에 상처하시고
장성한 아들도 사고로 잃으셨다
여러 해 후에는 고향인 천안 교외에서
새 부인과 함께 농사지으며 사셨다

내가 심신이 약해진 것 같아
며칠 동안 회사에 휴가를 내고
쉬기 위해 아저씨 댁을 방문했을 때
새 아주머니와 함께 반갑게 맞아 주시고
정겹게 대해 주셨다

서울에서 장사하시며 사실 때보다
고향에서 농사지으며 더 즐거워 보이셨다
그때 숲속에서 들려오던 뻐꾸기 소리

아저씨 삶의 노랫소리로 들렸다

슬픔도 기쁨도 넘어
현재의 삶에 자족하며 사는 삶의 노래
그 후 아저씨는 돌아가셨고
뻐꾸기 소리도 듣지 못했다

오늘따라 아저씨가 그립다
뻐꾸기 소리도 그립다
뻐꾸기 소리가
아저씨의 울림으로 들려오는 듯하다

주연배우

집을 보러 다닌다

주름살 많은 이탤리언 부부의 집에 가니
성당 앞에서 활짝 웃는 잘생긴 남자와
아름다운 여자의 결혼사진이 걸려 있다
누구의 사진이냐고 물으니
자신들의 결혼사진이란다

아이리시^{Irish}의 집을 방문하니
나이아가라 폭포 앞에서 손잡고 있는
젊은 남녀의 사진이 눈에 띈다
영화배우 사진이냐고 물으니
자신의 신혼여행 사진이며
남편은 여러 해 전에 작고했단다

한인 중년여성의 집에는
마이애미비치 앞에서 미소 짓는
한인 남녀의 사진이 있다
이 멋진 분들이 누구냐고 하니

오래전 남편과의 여행사진이며
의사였던 남편은 몇 년 전에 하늘나라로 가셨단다

얼굴에 세월의 풍상 드러나 있으나
외모가 꽃다운 시절 있었던 한 분, 한 분
영화로 만들어도 될
자신의 삶의 주연배우이다

연극

아내와 애인이
나를 사이에 두고 다투기까지 했다
나는 이렇게 말했다
"라라 처음 느껴보는 감정이야 나한테 이런 일이
생길 줄은 꿈에도 생각해 본 일이 없는 일이야"
"아내와는 의무적으로 살 뿐이야 죽은 고목 같던 내가
우리 라라를 만나 비로소 숨을 쉬는 것 같구나"
"나는 바람둥이가 아니야 그저 외로울 뿐이야
외로운 사람이라구"

난생 처음 해 본 연극 무대에서
내가 맡은 역에 몰입하여 거침없이 연기를 하니
관객들이 크게 웃어대며
큰 중간박수를 두 번이나 쳤다
연극이 끝난 후 많은 분들이
"잘 하셨습니다"라고 인사했다
연출을 맡으신 김송희 선생님과
원작자 임혜기 선생님은 나를 보자
큰 포옹 Big Hug 으로 기쁨의 축하를 했다

〈
집에 돌아와 한국에 다니러 가 있는 아내에게
전화하여 연극에 대해 예기하니
"다 늦게 재능을 발견했으니
이제 무얼 어떻게 할 것이에요" 하며 웃는다
그렇다 이 나이에 직업적인 연극배우가
될 것도 아니고
연극의 배역처럼 다른 여자가 아내가 될 수도 없고
내가 애인을 가질 만한 위인도 못 된다
한 가을밤 문인모임의 연극은 바람 따라 지나갔다

나는 이제 각본도 없고 연출자도 없는
인생의 연극무대에 돌아왔다

부여 궁남지 宮南池

백제 문화 유적지 탐방을 위해
친구 안내로 부여 궁남지에 오니
버드나무들이 춤을 추며 환영하네

큰 규모의 연못에
우산 크기의 연들이 무수히 떠 있네
이렇게 큰 연들이
촘촘하게 많이도 떠 있는
큰 연못도 호수도 본 적이 없네

7세기 무왕과 왕비가
버드나무들의 율동과 연꽃들의 미소를
바라보며 거닐었을 연못가를
21세기에 내가 친구와 함께 걷고 있다니
가슴이 벅차오르네

청소년 시절
신라 선화공주를 사모하여
아이들에게 자신이 지은 노래
서동요를 부르게 했다는 이야기가 전해지는

백제 무왕

나라를 튼튼히 한 후
궁성 남쪽 별궁에 거대한 인공 연못을
만들었다네
20리 밖에서 수로로 물을 끌어 오고
주위에 버드나무를 심고
조경을 가꾸었다네

멋과 낭만을 알던 왕이었기에
푸른 꿈을 이루었으리라

궁남지 한가운데 작은 섬에
자리 잡은 포룡정에 오니
배 띄워 물놀이하던
왕과 왕비와 궁중사람들의 모습이 떠오르네

하늘에는 흰 구름이 흘러가고
백제의 향기가
바람결에 실려 오네

요양원 휴게실에서

붕어빵을 사 들고
요양원에 계신 어머니를 찾아뵌다
요양원 휴게실에서
휠체어$^{Wheel\ Chair}$에 몸을 의지한
어머니와 함께 붕어빵을 먹으며 창밖을 본다

맨하탄 고층빌딩의 숲이 보이고
엠파이어스테이트 빌딩도 보이고
왼쪽 멀리 3000명의 목숨을 앗아간
월드트레이드센터 자리에 새로 지은
후리덤 타워 원$^{Freedom\ Tower\ One}$ 건물도 보인다

퀸즈브롱스 고속도로 북쪽으로
달리는 자동차 행렬도
퀸즈브롱스 고속도로 남쪽으로
달리는 자동차 행렬도
끊이지 않는다
어디서 출발했는지 모르나
목적지를 향해 운전자가 모는 데로 가고 있다

〈

라과디아 공항에서
힘차게 하늘 높이 오르는 비행기도 보이고
사뿐히 내려앉는 비행기도 보인다

요양원에서 가까운 앞을 내려다보니
운동장에서 청소년들이 축구경기를 하고 있다
새가 하늘을 난다

모진 풍파 겪으며 100세를 넘기신 어머니는
창밖에 펼쳐지는 세상을 보시며 무슨 생각을 하실까?
어머니를 빼어 닮은 나는
지금 이 순간에 어머니 곁에서
세상을 바라보는 것에 감사할 따름이다

빨간색 구명사다리

우리 동네 오로라^{Aurora} 연못에
겨울이 오면 어김없이 등장하는
빨간색 구명용 사다리

누군가 얼음이 언 연못에
들어갔다가 물에 빠질 때
이 사다리를 이용해서 구조하라는 것으로
이 작은 연못에 두 곳에 비치되어 있다

이 동네에 17년 살았어도
단 한 번도 누가 이 연못에 빠졌거나
이 사다리로 구조했다는 소식을 듣지 못했다

뉴욕시에서 매해 겨울에
연못이나 호수 주위에
비치하는 사다리

구명사다리를 이용하여
뉴욕시에서 일 년에 한 명이라도,

십 년에 한 명이라도,
몇 십 년에 한 명이라도 구조한들 어떠랴
만일의 사태에 대비하는 마음이
꽃보다 아름답다

이 빨간 구명사다리에서
시민의 안전을 위한 마음의 향기가
꽃보다 진하게 퍼져나간다

569 대 1

텔레비전 뉴스를 보니
569 대 1이란다
이것이 무슨 경품당선 확률인가?

2018년 8월 20일부터 26일까지
남북이산가족 상봉행사에
남한에서 100명의 이산가족이 참여할 수 있는데
신청자는 569배나 많다고 한다
눈이 빠져라 기다리다 돌아가신 분들과
아예 신청을 포기한 분들도 셀 수 없이 많다

강산이 일곱 번이나 바뀌는 동안
남북이산가족 상봉행사가 겨우 여덟 번 밖에 없었다니
가뭄에 콩 날 확률이 더 높으리라
꿈에도 그리던 이산가족을 만나는데
남북의 백성을 위한다는 권력자들은
그동안 도대체 무엇을 하였는지 어처구니가 없다

남북이산가족이 서로 만나겠다는 기본적인 문제도
제대로 해결 못한 이념, 사상, 정치체제는
다 무엇을 위한 것인지 모를 일이다

4부

코스모스 꽃을 보니

고국 교외 길가에서
가을이면 피어나
하늘대던 꽃 보고 싶어
봄에 내 작은 꽃밭에
씨 뿌리고 돌보며 기다렸다

한 가을에 피어나
우주를 품고 춤추며 미소 짓는
코스모스 꽃을 보니
내 마음 세상을 얻은 듯
기쁘고 뿌듯하네

보고 또 보니
코스모스 꽃들 가운데
어머님과 이모님이 웃고 계시네
모습도 닮으셨고
마음도 닮으셨던
이모님과 어머님이 웃고 계시네

가을 하늘
여전히 높고 푸르다

생각하면 감사할 일뿐이네요

오늘도 잠에서 깨어 살아 있으니 감사해요
자는 동안에도 우주의 별들이
제각기 일을 해서 우주의 질서가 유지되어 감사해요
지구가 한 바퀴 돌아 아침을 맞이하니 감사해요

태양과 하늘과 대지가 에너지를 주어 감사해요
걸을 수 있으니 감사해요
먹고 마실 것이 있으니 감사해요
하늘 구름 땅 나무 숲 산 시내 강 바다 등
자연을 볼 수 있으니 감사해요

되돌아 볼 과거와 추억이 있어 감사해요
펼쳐질 미래와 희망이 있어 감사해요
오늘 무슨 일이 일어날는지 몰라도
기도할 수 있으니 감사해요
무엇이든 할 일이 있으니 감사해요

사랑할 사람들이 있으니 감사해요
서로 이해하고 서로 격려할 친구들이 있으니 감사해요

감사하면 웃을 수 있고 기뻐지니 행복해요
하루하루 살아가며 모든 일에 감사해요
생각하면 감사할 일뿐이네요

유전자 때문인가?

살인사건 일어나면
피해자와 가까운 사람부터
조사한다고 한다

가까운 사람은
서로 믿을 수 있는 사람이다
믿음이면 그만인데
믿음이 최고인데

믿음을 저버리고
돈 때문에 감정 때문에
가족이나 친지를 죽이다니
어찌된 세상인가?

카인의 후예라는 유전자 때문인가?
죽을 때 죽더라도
가까운 사람 믿고 싶다

믿음이 존중되고
믿음이 훈훈한 정이 되고
그런 사회가 그립다

길 위의 법칙

달리는 사람은
서서히 달리기를 멈추어야지
갑자기 멈출 수는 없다

신호등에 빨간 불이 켜져
멈춰 있던 차는 파란 불이 켜지더라도
옆자리에 달려오던 차보다
얼마 동안은 빨리 달릴 수 없다

확신을 갖고 살아가는 사람은
힘차게 달려갈 수 있으나
믿음 없이 살아가는 사람은
푯대를 향해 뛰어갈 수 없다

무관심, 미움, 시기, 질투,
원망, 탐욕으로 가득한 사람이
하루아침에
이해, 배려, 감사, 사랑, 관용, 순수를 지닌
온유한 사람이 되기는
물 위를 걷는 일보다 어렵다

공주 공산성

친구 이준희와
백제유적지를 탐방하러
처음 보는 공주 공산성

가파른 공산 기슭에 위치하고
금강을 북쪽으로 인접해 두고 있어
천혜의 요새다
배산임수背山臨水의 길지로
백제 웅진시대 육십여 년 왕성이요
마지막 의자왕이 부여에서
신라와 당나라 연합군에 쫓겨 와
항복한 성이라네

길지라는 말과 요새라는 말이
허황된 말이었던가?
산성 안을 돌아보니
웅진시대의 영화의 흔적도
패망한 나라의 마지막 왕이라는
의자왕의 자취도 보이지 않네

〈
서늘해진 내 가슴을
친구의 따뜻한 우정이 어루만져 주네

역사의 영욕을 아는지 모르는지
금강은 오늘도 비단같이 고운 자태로
끊임없이 흐르고 있네

어머니 영전靈前에

어머니,
개나리꽃 필 때는
저는 올 봄에도 내년 봄에도 후년 봄에도
어머니가 더 사시어 개나리꽃을 비롯하여
줄줄이 피는 꽃을 보시기를 원했습니다

하지만 돌아가시기 하루 전에
의식을 잃으신 어머니를 뵙고
이제는 어머니를 놓아드려야겠다고
생각했습니다

개나리꽃 피는 이 봄에
어머니가 100수壽를 넘기시고
하나님의 부르심을 받았는데도
저는 샘솟는 눈물을
금하기가 어렵습니다

꽃을 좋아하신 어머니,
비바람, 눈보라 견디고 나서야
피어나는 꽃은

고난과 역경의 세월을 견디신
어머니의 꿈이며 희망이었습니다

소녀처럼 순수한 마음을 지니시고
"지는 것이 이기는 것"이라는 교훈을 남기신
어머니는 사랑과 화평을 실천하신
참된 크리스찬이셨습니다

꽃을 볼 때마다
어머니의 사랑과 은혜에 감사하겠습니다
다시 만나서 기쁨을 나눌 때까지
하늘나라에서
즐겁게 지내세요

어머니,

고맙습니다
사랑합니다

(2018년 4월 15일 어머니 천국환송예배에서 관호 올림)

어느 대화

교회를 수십 년 다녔는데도
사람들을 보면
헷갈릴 때가 있어요

사람들이 말만 하지
행함이 없는 것 같아요
제가 잘못 본 것인가요?

바르게 보셨어요
믿음이 성장하셨네요
그런 헛소리들 마세요

제 허물은 보지 못하고
남의 허물을 본
저부터 확 바뀌어야죠

뿌리 채 쓰러진 나무

폭풍으로 뿌리 채
쓰러진 나무

주위에 돌들로 보도를 깔아놓아
웬만한 바람에도 요동치 않으련만
돌들과 함께 뿌리 채 뽑혀
비명횡사하다니
보는 이의 마음도 무너진다

수 일 전,
스스로 삶을 마감한 외아들을
묘지에 묻으며 오열하던
교우님 내외 앞에서
내 가슴도 아프더니

한 치 앞도 내다보지 못하는 것은
나무나 사람이나 다를 바 없구나

폭풍우가 지나간 후에도
하늘은 높고
푸르기만 하다

할머니

어느 날 갑자기 생각난 할머니

시대를 잘못 만나시어
남편은 소실과 함께 살고,
아들 하나는 월북하고,
아들 하나는 일찍 여의고
마른하늘에 날벼락 맞으셨던 할머니

6.25 후에도
남편을 교통사고로 잃으시고
큰 딸은 병사로 잃어 가슴앓이 하셨으며
이북에 살고 있을 작은 아들 보고 싶다던,
일본에 살고 있을 배 다른 동생 만나고 싶다던
소원 이루지 못하신 할머니
매일 기도하시며
집안에 믿음의 씨앗 뿌리셨지요

하늘나라 가신 날
영전에서 제일 많이 울던 이 손자는

세상살이 힘이 들면
할머니 생각이 납니다

흰 국화꽃 속에서
환한 얼굴로 웃고 계신 할머니

우리 사랑 제주도
- 세계 7대 자연경관 선정을 앞두고

결혼행진곡 귓가에 맴도는데
내 신부는 옆에 있는데
비행기 창밖의 흰 구름은
하늘나라인 듯 다가오네

제주공항에 내리니
온화한 날씨
장승 크기의 돌하르방이 우릴 반기네
호텔방 환영 꽃다발 미소 짓네
용두암 보노라니
파도가 노래하며 바람이 몸에 감겨오네
특이한 돌들이 해변에 널려 있네

집집마다 총총한 감귤나무
감귤나무 총총하게 매달린 열매
자식 대학 보내고 결혼시키는 효자나무라네
선녀들이 내려와 목욕하고 갔다는 천제연폭포
하늘과 땅이 만나 이룬 천지연폭포
그 앞에서 조선시대 신랑, 신부복 입고 기념사진 촬영하네

〈
거대한 용암동굴 만장굴,
해맞이하기 좋은 성산일출봉,
시냇물이 바다로 직접 떨어지는 정방폭포,
노란 유채꽃이 만발한 들녘,
하멜 표류기로 서양에 조선을 최초로 알린 하멜 기념비,
억새풀 춤추는 한라산 노니는 노루들

야자수를 비롯한 아열대 나무들 사이로
옛날 귀양 온 충신들의 혼령이 어른거리네
절벽 아래 푸른 물결 넘실거리는 바다
13년 후 아내와 두 딸과 함께 다시 갔다
조랑말을 타며 마냥 즐거웠다

세계 7대 자연경관에 선정되어
지구촌 곳곳에서 몰려오는

선남선녀 몸과 마음의 쉼터 되고
더불어 화평하며 더불어 사는 법 배우는 곳으로
그 이름 떨쳐라
우리 사랑 제주도

입동

오늘이 입동
겨울이 시작된다는 날
잔디에 내린 서리를 보네

나비와 잠자리는
구름 속으로 숨었는지 자취가 없고
아직 버티고 있던 나뭇잎들이
곡예 하듯 떨어지네

산책길
동네 연못이 살얼음을 띄우고 있다

눈 내리는 날
잊고 지내던 얼굴들이 떠오르듯
꿈의 나래를 타고

못 다 읽은 책들을 펼쳐
독서삼매경에 빠져보련다
추억 속 옛 친구들에게 서신도 띄우리라

〈
눈 덮인 산이
상상만으로도, 성큼 눈앞에 다가온다
추위를 견뎌내는 나무들과
식생들이 아른거린다

겨울을 맞이하는
내 가슴은 벌써부터 설렌다

하얀 눈

하늘에서 내려오는
하얀 눈 바라보니
영혼이 깨끗해지고

쌓이는 눈 보노라니
가슴이
풍요로워지네

이 순간
부러울 것 없는
부자가 되었네

겨울 밤 그림자

차가운 밤에
움직이는 그림자들
한 사람 그림자와 한 마리 개 그림자

그 많은 사람과 동물 중에
인연의 한 줄로 이어져 살아가네

지구 위 삶의 무대에서
차가운 공기를 호흡하며
산책하는 나와 우리 개 말린^{Marlin}

높이 뜬 달님이
조명처럼 비추며
동영상을 찍고 있네

눈 폭풍을 보며

회색 하늘에서
쏟아져 내리는
눈

바람 타고 맹렬한 기세로
나무, 집, 자동차, 거리 풍경
흰색으로 덮어버리네

세상 모든 것 묻어 버릴 테냐?
네 멋대로 해 봐

눈보라, 비바람 견뎌내며
이제까지 살아온 사람이
죽기야 하겠나

이것도 견뎌내고
난초가 꽃 피울 봄날
환희의 노래 부르리라

새해의 기도

새해에는
떠오르는 태양을 바라보며
가슴 벅찬 감동과 함께
새로운 마음가짐을 갖게 하소서

지난 해 지구촌 곳곳에서
지진, 쓰나미, 화산, 전쟁, 폭정, 굶주림,
각종 사고로 지친 사람들에게
희망과 활력을 불어넣어 주소서

우주 가운데
하나의 별인 이 땅에서
자연의 혜택을 입고 살아감에
감사하게 하소서

비바람, 폭풍우,
폭풍설이 몰아치더라도
푸른 꿈을 지니고 앞날을 낙관하며
굳건한 믿음과 열정으로

나아가게 하소서

매일의 삶을 돌아보게 하시고
안일과 나태에 빠지지 않게 하시고
용기를 잃지 않게 하소서

자신을 낮추고
상대를 높이며
말 한 마디라도
위로, 칭찬, 격려의 말을 하게 하소서

이웃을 이해하고
배려하며 허물을 덮어주고
작은 것이라도 사랑으로 베풀게 하소서

만나면 반갑고 밝게 웃으며
기쁨으로 소통하며 고운 정을 나누는
우리가 되게 하소서

〈
부드러움으로 강함을 이기게 하시고
작은 것에 지는 자*가 되게 하시어
화평하며 하늘의 뜻을 이루는
큰 사람이 되게 하소서

슬퍼하지 않으리라
- 2018년 11월 3일 후러싱제일교회 성도추모일에

무엇이 바빠
찾아오지 못했는지

세상 모든 것은
언젠가는 떨어지는
한 잎 낙엽인 것을

하지만 이 가을에
슬퍼하지 않으리라

비바람 견뎌내고
환하게 웃는 단풍은
온갖 고난과 역경을 극복하고
하나님의 사랑과 섭리에
감사하고 기뻐하던 님의 모습

낙엽이 거름이 되어
새싹을 키우는 양분이 되듯
님의 사랑이 피가 되어

몸속을 돌고 있네요

이 세상에 사는 동안
님의 사랑과 수고에
감사하며 살아가리라

보이신 본을 따라
하나님에 대한 믿음과 사랑으로
감사하며 살아가리라

그리워 그리워
가을 향기 담은
국화꽃을 영전에 바칩니다

휘문고등학교 졸업 50주년에
– 축시

강 건너 무지개 피는 곳 향해
휘문의 둥지 떠난 지
벌써 반백년입니다

여름에는 푸른 상의, 회색 바지
겨울에는 검정색 상하의
검은 바탕에 흰 테 두른 모자
볼재 희중당

존경하는 선생님들, 정다운 친구들
공부하던 교실, 뛰놀던 운동장
기억들이 아지랑이로 피어오릅니다

강산이 여러 번 바뀌었습니다
친구들 이마에 주름살
머리는 희끗희끗 합니다

놀란 가슴 진정하고
믿기지 않는 현실

받아들입니다

푸른 꿈 지니고 나간 사회
열심히 일하고 나라 발전에 기여한
우리 동기들 자랑스럽습니다

허지만 무지개 잡은 친구 있는가?
환희와 비애 무수히 경험하며,
지성과 정서를 겸비한 휘문인의 긍지로
이제까지 살아온 우리 모두 승리자입니다

언제, 어디서 만나든지
반갑고 반가운 친구들아
오늘, 기쁜 마음으로 축배를 들자
실컷 웃고 실컷 이야기하자
흥겹게 노래하고 신나게 춤을 추자

태양은 새롭게 떠오릅니다
가을이면 어떠랴

겨울이면 어떠랴
새로운 꿈, 풍성한 경험, 번뜩이는 지혜로
훨훨 날아갑시다

우리 기러기 대오 지어
서로 돌보고 서로 격려하며,
찬바람 맞으며 활기차게 나아갑시다
통일조국 북녘 산야에도 함께 갑시다

공(空)과 함께

이 세상에 와서
이것도 저것도 제대로 한 것이 없다고
이대로 갈 수 없다고
남은 인생 무언가 이룩하고 가야 한다고
아들 딸 모두 결혼하고 손주들까지 보았어도
무엇을 이루고 싶어 의욕만 앞서가는 친구

지금껏 하늘과 땅과 사람들의 도움으로 살아 왔으면
대단한 것이거늘
무얼 그리도 바라나
부귀, 권세, 명예는
잠시 피었다 지는 꽃인 것을

살아 있음에 감사하며
비우고 비워
공(空)과 함께 사는 것도
이루는 것이라오

■□ 해설

두 개의 조국을 공유하는 소망의 언어

김종회(문학평론가, 전 경희대 교수)

1. 두 공간을 왕래하는 긍정의 세계관

윤관호 시인은 한국에서 대학과 대학원을 마치고 상사 주재원 근무를 위해 태평양을 넘어 미국으로 건너갔다. 생활인으로서 스스로의 삶을 꾸려가는 동안, 그의 내면은 늘 시의 세계를 바라보고 있었고 오래된 숙제처럼 시의 길을 찾고 있었다. 《문예운동》으로 등단한 이래 첫 시집 『누이 이야기』를 상재했으며 《한국일보》 미주판에 시를 게재하는가 하면 미동부한인문인협회 회장을 역임하기도 했다. 이번의 두 번째 시집 『뉴욕의 하늘』은 첫 시집으로부터 10년의 상거(相距)를 가졌다. 강산도 변한다는 그 10년 세월을 이국의 하늘 아래 살면서, 삶의 여러 빛깔로 다양하게 빚은 시들이 이 시집 가운데 잠복해 있다. 이를테면 그의 시는 곧 그의 분신이라 할 만하다.

이 시집의 1부에 실린 시들은 시간과 공간, 고국 한국과 새 삶터 미국의 지형학적 구분을 자유롭게 넘나들면서 그 가운데서 희망적이고 긍정적인 담론을 생산하는 문면들로 채워져 있다. 그런데 이러한 사고의 유형은 시인 자신이 긍정적인 마음 씀새를 가진 인물인 동시에 그의 세계관이 그처럼 순후하고 가치지향적인 성격을 가졌다는 사실을 환기한다. 이중 언어와 이중문화의 어려움을 헤치고 오면서, 하기로 한다면 세상천지가 다 원망 투성이일 수도 있을 터이다. 하지만 시인은 건실한 생활인의 토양에 두 발을 딛고 서서 가장 건실한 방식으로 자기 이야기를 발화한다. 독일의 미학 이론가 하르트만의 언표(言表)를 빌려오자면, 사실주의가 예술의 건전한 경향인 것과 유사하다.

> 어제의 하늘은
> 퇴색하지 않은 백색의
> 도화지였다
>
> 안개 밑을 기어가는
> 이역의 개미
> 포위망을 뚫고 가는
> 시간에도

찢기지 않는 것은

뉴욕의
하늘이었다

-「뉴욕의 하늘」 전문

'퇴색하지 않은 백색의 도화지' 같은 뉴욕의 하늘과 거기에 드리워진 '안개'는 그가 마주하는 삶의 형용들이다. 그 밑을 기어가는 '이역의 개미'에서 시인은 세계 제일의 마천루 도시를 배경으로 전심(傳心)을 다해 '포위망을 뚫고 가는' 자기의 자화상을 본다. '찢기지 않은' 것이 '뉴욕의 하늘'인 것은, 그가 증언하는 감사의 표현이다. 얼마나 많은 사람들, 그리고 그들의 시간과 공간이 찢기고 스러져 형체도 없이 사라졌던가. 구체적 언술로 드러내지 않는다 하더라도, 이 짧은 문면에 시인이 지금까지 가꾸어온 생애에 대한 감사와 자긍심이 숨어 있는 것이 아니겠는가. 이 시집 전반을 통하여 시인은 밝고 화창한 봄날 같은 시편들을 선보인다. 그 시적 방정식은 문제없이 태평양을 넘는다.

허드슨(Hudson) 강변을 걷노라니
꽃잎이 바람에 날린다

꽃잎 지고

봄도 지는데

세월은 강물 따라 잘도 흘러간다

젊은 날의 꿈 사라지고

첫사랑의 추억도 희미해졌건만

고향을 그리는 마음은

붉기만 하구나

- 「허드슨 강변에서」 전문

  뉴욕의 정서를 대표하는 강의 이름, 허드슨이다. '꽃잎이 바람에' 날리고 '세월은 강물 따라' 잘도 흘러가는데, 문득 시인은 옛 생각 한 자락을 붙들고 강변에 섰다. '젊은 날의 꿈 사라지고 첫사랑의 추억도 희미해졌건만' 시인에게 여전히 생생하게 남아 있는 감성의 그루터기가 있다. 곧 '고향을 그리는 마음'이다. 이 마음은 인위적으로 도출할 수 있는 것도, 또 마음대로 폐쇄할 수 있는 것도 아니다. 수구초심(首丘初心)의 애끊는 담론들은 세계문학사의 마당에 지천으로 널려 있다. 시인의 이 마음은 일편단심으로, 고국의 겨울을 이기는 동백꽃처럼 붉기만 하다. 이 삶터와 태를 묻은 옛터 사이에 그의 시가 왕래하는 공간 환간 환경이 펼쳐져 있다.

2. 작고 소중한 것에 대한 눈뜸

 심성이 선량하고 온화한 이의 시는, 세상사에 불필요하게 날을 세운 불편한 문면을 보이지 않는다. 그의 시는 이 세상의 바탕을 형성하고 있는 작은 것들과 어렵고 힘든 것들을 깊은 눈길로 바라보며, 거기서 숨은 소망을 일깨우는 힘을 발양한다. 윤관호의 시가 꼭 그렇다. 이 시집의 2부에 수록된 시들은 이러한 시 창작의 양식을 여실하게 증거한다. 특히 일상의 주변에서 만나는 여러 꽃들과 이에 결부된 생각들, 더 나아가 멀리 두고 온 고국의 풍광까지 편안하고 자유롭게 그 세계를 축조해 나간다. 미소(微小)하고 소중한 것에 눈 뜨는 이 시 쓰기의 사유, 그리고 이를 추동하는 안목은 그의 시를 가치 있는 글쓰기로 이끄는 동력에 해당한다.

> 아침 산책길에
> 다글라스 로드(Douglas Road) 언덕에 오니
> 수선화 새싹들 사이에
> 수선화 한 송이

한 요정의 청혼 물리치어
그 요정이 복수의 신에 부탁하여
저주 받았다는 전설의
고대 그리스 목동 나르키소스(Narcissus)

연못에 비친 제 모습을
아름다운 요정으로 알고 사랑하여
물속에 들어가 죽은 연못가에 피어나
자기사랑이라는 꽃말 지닌 너

지금 울고 있니?
지금 웃고 있니?

높은 하늘
푸르기만 하다

-「수선화 꽃 한 송이」 전문

   짐작컨대 다글라스 로드는 시인의 산책길에 있으니, 거주지에서 가까운 언덕이겠다. 문득 새롭게 얼굴을 내민 수선화 한 송이를 발견하고 시인은 여러 모양으로 감회에 젖는다. 신화 속에 등장하는 꽃의 유래나 꽃말을 상기하면서, 단순히 하나의 풍경을 관찰하는 데 그치지 않고 자신의 내면을 성찰하는 자기면대의 시간을 호출한다. 수선화를 두고 '지금 울고 있니?'나 '지금 웃고 있니?'라고 질문하는 것이 어찌 꽃에게만 던지는 언사일까. 꽃을 응대하는 자신의 삶을 되돌아보는 유용한 거울을 얻는 셈이다. 그 와중에 올려다 본 하늘은 의연히 높고 푸르기만 하다. 이처럼 작은 꽃 한 송이에서 신비로운 영감을 이끌어내는 시 쓰기가 이 시인의 것이다.

> 물 맑고 산 좋은 고기리
> 봄 여름 가을 겨울
> 철 따라 다른 풍경 한 폭의 그림이라
> 꽃들이 웃고 새들도 노래하네
> 구름도 쉬어가고
> 신선도 놀다 가리
>
> -「고기리」전문

지명(地名)이 곧 시제(詩題)가 된 '고기리'는 경기도 용인시 고기동의 옛 이름이다. 미국에서 오랫동안 살고 있는 시인에게 있어 고향은 좁은 의미의 제한된 공간이 아니라 고국산천이 모두 고향이다. 큰 바다의 물결 너머에 두고 온 모태의 땅이다. 한반도 안에 살면서도 고향은 늘 꿈결처럼 그리운 법인데 항차 팔만 리 바다를 건너고 또 거기서 항공으로 여러 시간 거리에 있는 뉴욕에서 살아가는 상황에서야 더 말할 나위가 없다. 고국의 아늑한 전원 풍경을 간직하고 있는 '그 곳'이 한 폭의 그림처럼 아름다운 것은 불문가지(不問可知)의 일이다. 윌리엄 블레이크의 시 한 줄을 덧붙인다. 작고 소박하고 소중한 것의 아름다움! 한 알의 모래에서 우주를 보고 한 송이 들꽃에서 천국을 본다!

3. 계절과 동물들이 있는 소박한 풍경들

여리고 연약한 것에 대한 사랑을 가슴 속에 품고 있으며, 또 이를 발화할 줄 아는 이는 이른바 '시인의 마음'을 가진 사람이다. 일찍이 공자가 《논어》에서 시 삼백 수의 의미를 한 마디로 축약하여 '생각에 사악함이 없다(思無邪)'라고 한 것은 곧 이와 동일한 맥락에 있다. 그런데 이처럼 선한 마음이란 거저 주어지는 선물 같은 것이 아니다. 생애의 긴 과정을 두고 자신을 단련하며 순방향의 의지를 가꾸는 노력이 있고서야 지속되는 일이다. 그러기에 『실락원』의 작가 존 밀턴이 "험악한 시대를 깨어 있는 정신으로 살았다"고 한 터이다. 윤관호의 시편들은 이 성선(性善)의 삶 의식과 의지, 그리고 시적 지향점을 포괄한다.

갈대가 정신없이 흔들리는
바람 부는 아침에

갈매기 한 마리
기세 좋게 바다 위를 날며
새롭게 떠오르는
태양을 맞고 있네

오늘의 상황에
굴하지 않고
적극적으로 살겠다는 의지를

거센 바람도
막지 못하네
거센 파도도
막지 못하네

-「갈매기」 전문

  얼핏 리차드 바크의 명작 『갈매기의 꿈』을 떠올리게 하는 시적 서사, 그 주제의식에 있어서는 청마 유치환을 필

두로 한 생명파의 시적 경향을 닮은 시다. 이 한 편이 아니라 3부에 실려 있는 거의 모든 시가 그렇다. 삶의 길에서 쉽게 만나는 꽃이나 동물들에 쏟는 사랑도 이처럼 '적극적으로 살겠다는 의지'를 반영한다. 그의 시는 어렵거나 난해한 구석이 없다. 마치 동네 이웃으로 밤마실 간 사람들이 수런수런 나누는 정겨운 대화처럼 구김이 없고 혼탁한 데가 없다. 이와 같은 방식으로 시를 써서 대가의 반열에 이른 시인이 조병화다. 그의 시를 '생활시'라고 호명하는 것처럼, 윤관호의 시 또한 그렇게 부를 만하다.

    꼭두새벽에 잠이 깨어
    이 생각 저 생각으로
    엎치락뒤치락하다

    고국 동창회 카톡방을 보니
    오늘이 입추라네
    정신이 번쩍 든다

    별로 이루어놓은 것이 없는데
    세월은 흐르는 물처럼 잘도 간다

    하기야 이룩하면

무엇을 얼마나 이룩할까

　　작은 것에 감사하고 즐기며
　　세월 따라 흘러가리라

　　－「입추」 전문

　시인은 가을의 시작을 '고국 동창회 카톡방'을 보고 안다. 계절은 삶의 경관에 대한 여러 빛깔의 채색이지만, 동시에 '흐르는 물처럼' 잘도 가는 세월의 경점(更點)이기도 하다. 이 자못 엄숙한 우주적 섭리 앞에 시인은 겸손하다. 그 표징은 '작은 것에 감사하고 즐기는' 반응의 방식으로 나타난다. 3월에 내린 눈(「3월 21일 내린 눈」)이나 코로나 바이러스의 와중에도 아랑곳하지 않고 피어있는 꽃들(「2020년 5월 1일 뉴욕 풍경」), 뉴욕시 베이사이드 오클랜드 레이크(Oakland Lake) 공원의 백조(「백조 두 마리」) 등이 그 감사의 요목을 상징하는 작은 장치들이다. 사정이 이러하다면 그는 행복한 시인, 행복한 사람이다. 그래서 그는 이렇게 반문하는 것이다. '하기야 이룩하면 무엇을 얼마나 이룩할까.'

4. 세상의 겨울을 넘어 새로운 깨달음

시인이 사는 뉴욕의 겨울은 혹독하게 추운 날씨를 자랑한다. 그런 연유로 4부의 시들에서는 입동, 하얀 눈, 겨울 밤, 그림자, 눈 폭풍을 보며 등 겨울을 노래하는 시의 제목들이 즐비하다. 일찍이 프랑스의 작가 에밀 졸라가 "악의 묘사는 그 극복을 위해 있다"고 했는데, 이러한 방식의 레토릭을 빌려오자면 윤관호의 겨울 시들은 겨울과 그것의 '혹독한' 의미를 넘어서기 위해 있는 것이 아닐까. 더불어 뉴욕의 겨울이 단지 날씨나 추위만을 말하기 위한 것이 아닐진대, 세상살이의 겨울을 초극하기 위한 고투의 향방을 시적 표현으로 가져왔으리라 짐작된다. 시인은 그 계절의 언저리에서 이제껏 살아온 인생 행로의 소중한 깨우침을 수확한다.

> 오늘이 입동
> 겨울이 시작된다는 날
> 잔디에 내린 서리를 보네
>
> 나비와 잠자리는
> 구름 속으로 숨었는지 자취가 없고
> 아직 버티고 있던 나뭇잎들이

곡예하듯 떨어지네

산책길
동네 연못이 살얼음을 띄우고 있다

눈 내리는 날
잊고 지내던 얼굴들이 떠오르듯
꿈의 나래를 타고

못 다 읽은 책들을 펼쳐
독서삼매경에 빠져보련다
추억 속 옛 친구들에게 서신도 띄우리라

눈 덮인 산이
상상만으로도, 성큼 눈 앞에 다가온다
추위를 견뎌내는 나무들과
식생들이 아른거린다

겨울을 맞이하는
내 가슴은 벌써부터 설렌다

-「입동」 전문

입춘이 봄이 채 시작되기도 전에 오듯, 입동 또한 겨울이 제 얼굴을 내밀기도 전에 당도한다. 그래도 입동이라 '잔디에 내린 서리'를 본다. 시인은 이 겨울의 길목에서 장차 세상을 지배할 동장군(冬將軍)을 내다보며, 그 눈 내리는 날에 '잊고 지내던 얼굴들'을 떠올리고 '독서삼매경'에 빠지는 꿈도 가꾸어 본다. 거기 '눈 덮인 산'의 풍광도 있다. 이토록 겨울을 맞이하는 시인의 가슴이 설렌다. 처음 시작에서부터 이 지점에 이르기까지, 이 시인이 얼마나 지속적으로 생의 결곡한 의의를 낮은 자리에서, 그것도 부드러운 눈길로 바라보고 있는가를 여실히 드러낸다. 형편이 이렇다면 계절의 엄혹함에 기대어 내면의 '가치지향적' 목소리를 표방하는 시 쓰기는 한결 탄력을 얻을 수도 있겠다.

    이 세상에 와서
    이것도 저것도 제대로 한 것이 없다고
    이대로 갈 수 없다고
    남은 인생 무언가 이룩하고 가야 한다고
    아들 딸 모두 결혼하고 손주들까지 보았어도
    무엇을 이루고 싶어 의욕만 앞서가는 친구

    지금껏 하늘과 땅과 사람들의 도움으로 살아 왔으면

대단한 것이거늘
무얼 그리도 바라나
부귀, 권세, 명예는
잠시 피었다 지는 꽃인 것을

살아 있음에 감사하며
비우고 비워
공(空)과 함께 사는 것도
이루는 것이라오

- 「공(空)과 함께」 전문

 어떤 학문이든 사상이든 종교든, 대체로 그 종국(終局)의 깨달음에 있어서는 무위(無爲), 비움, 공(空), 헛됨을 내세운다. 그와 같은 발현의 형식에 있어서 윤관호의 시는 보편적 범주를 지키며, '공(空)과 함께'하는 각성의 단계로 진입한다. 이 시에서 '친구'를 부르며 다독이고 또 설득하는 모습을 보일 때, 그 친구는 한편으로 시인의 친구이기도 하고 다른 한편으로 시인 자신이기도 할 것이다. '공과 함께 사는 것도 이루는 것'이라는 다짐은 마침내 시인이 한 마디로 축약한 생애의 의미다. 시적 기능이나 재능과 분리하여 보더라도, 얼마만큼 세월의 흐름을 감당한 이의

뒤안길에는 어디에나 이렇게 축조된 각성이 숨어 있다.

    그러한 각성은 이 시집 속에서 여러 모양으로 나타난다. '한 치 앞도 내다보지 못하는 것은 나무나 사람이나 다를 바 없구나'(「뿌리 채 쓰러진 나무」)와 같은 구절이 그렇다. 시인이 곤고한 시의 발걸음으로 이른 이 자리는, 그의 시를 읽는 우리의 심중에 동일한 공감과 감응으로 다가온다. 한국과 미국, 두 개의 조국을 공유하는 삶의 자리에서 복잡하거나 불필요한 기교를 동원하지 않으며, 순후한 정서와 긍정적인 의지로 자신의 삶을 노래해 온 윤관호의 시가 새삼스럽게 값이 있어 보이는 이유다. 바라건대 그의 삶과 시의 길이 더욱 활달하고 유장(悠長)한 경계를 열어 나감으로써, 우리로 하여금 더 좋은 시를 만나는 행복을 누릴 수 있게 해주기를 간곡하게 기대해 마지않는다.